Том и Софья пошли в школу

Tom and Sofia start School

Henriette Barkow
Priscilla Lamont

Russian translation by Dr. Lydia Buravova

Том   Ко мне домой приходила моя новая учительница. Её зовут Мисс Росс.
      Она сфотографировала меня и маму. А я нарисовал для неё картинку.
      Мисс Росс сказала, что моя картинка будет висеть на стене в классе,
      когда я приду в школу.

Tom   My new teacher came to my home. Her name is Miss Ross. She took a photo
      of me and my mum. Then I did a drawing for her. Miss Ross said that my
      picture will be on the classroom wall when I start school.

Софья   Мама взяла меня и Анну с собой в магазин. Она сказала, что нам нужно купить для школы форму. Мне купили кеды для физкультуры и новые носки. Анне нужны были новые туфли, ей купили туфли. Анна говорит, что в школе здорово.

Sofia   Mum took me and Anna shopping. She said we had to get special clothes for school. I got plimsolls for PE and new socks. Anna got new shoes 'cause she needed them. Anna said school is cool.

The night before

Софья   Анна сказала, моя учительница Мисс Росс такая *ми-и-лая*.
Я приготовила школьную форму, ведь утром надо будет
быстро собраться. Мама говорит, что нельзя опаздывать.

Sofia   Anna said that my teacher Miss Ross is *love-e-ly*.
I put out all my clothes so I can get ready quickly in the morning.
Mum said we mustn't be late.

Том   А вот мой мишка не хочет идти в школу. Я сказал маме, что мишка думает, что он потеряется. Мама говорит, у мишки всё будет в порядке. Она говорит, что мишка познакомится с ребятами, с такими как Софья, Анна и я. Я сказал мишке, что присмотрю за ним.

Tom   Ted doesn't want to go to school. I told Mum that Ted thinks he'll get lost. Mum said Ted will be OK. She said Ted will know lots of people like Sofia and Anna and me. I told Ted I'll look after him.

The BIG day

Том   Папа ведёт меня с мишкой в школу.
       Папа говорит, что помнит свой первый
       день в школе. Разве он может помнить,
       что случилось много много лет назад?

Tom   Dad is taking me and Ted to school.
       Dad said he can remember his first
       school day. How can he remember
       something that happened years and
       years and years ago?

Софья   Я уже готова, а Анна ещё нет. Я хочу уже выходить, а она всё ещё завязывает шнурки. Я не хочу опаздывать. Мама торопит Анну. Пошевеливайся, Анна. Я хочу идти СЕЙЧАС.

Sofia   I'm ready to go and Anna is not. She is doing her laces but I want to go now. I don't want to be late. Mum said hurry up Anna. Hurry up Anna, I want to go NOW!

On the way to school

Софья   Мама открывает дверь, и мы с Анной несёмся вниз по лестнице.
         Внизу мы видим Тома с папой.

Sofia   Mum opened the door and Anna and me raced down the stairs.
         At the bottom we saw Tom and his Dad.

По дороге в школу

Том   Софья и Анна с их мамой, я, мой папа и мишка идём все вместе в школу. Я держу папу за руку. Анна говорит, что в школе здорово.

Tom   Sofia and Anna, and their mum and me, and Dad and Ted walked all the way to school. I held Dad's hand. Anna said school is cool.

The school

Том   У школы нас встретила женщина. Она спросила,
      как меня зовут. Я сказал, что меня зовут Том.
      Она сказала, что её зовут Миссис Плам.
      Мишка спрятался у меня в кармане.

Tom   When we got to school there was a woman waiting.
      She asked my name. I said Tom. She said her name
      was Mrs Plum.
      Ted hid in my pocket.

Софья   В школе нас ждала директор школы. Она пришла
поприветствовать всех новичков. Анна сказала,
что директор вышла поздороваться с нами,
чтобы показать, что нам здесь рады.

Sofia   When we got to school the head teacher was waiting.
She came to say hello to all the new children.
Anna said she does it to make us feel welcome.

Our class

Софья   Мама отвела меня в мой класс. Там была Мисс Росс. Там также был помощник учителя, которого звали Джим. Мне выделили мою собственную вешалку. Для моей куртки и физкультурной формы. Мама попрощалась. Выходя из класса, она помахала мне рукой.

Sofia   Mum took me to our class. Miss Ross was there. And a grown-up called Jim. I got my own peg. That's for my coat and PE bag. Mum said bye. She waved as she went out of the door.

To: Broadstairs Library
SELMS: Kent
Intransit Item

Том   Папа отвёл меня в мой класс. Я показал папе свою картинку.
        Я сказал папе, что мой мишка боится. Папа сказал, что всё
        будет в порядке, ведь мишка со мной. А я с мишкой. Папа
        обнял меня. Он сказал: «До встречи». Я сказал: «Пока».

Tom   Dad took me to our class. I showed Dad my picture. I told Dad Ted was worried.
        Dad said Ted would be OK because Ted had me. And I had Ted. Dad gave me a
        hug. He said see you later. I said bye.

First lesson

Том   Мисс Росс по журналу проверила
       присутствующих. Она сказала, что
       будет отмечать присутствующих
       каждый день. Она сказала, что ты
       должен откликаться и говорить
       «да», когда она называет твоё имя.

Tom   Miss Ross called the register. She said
       every day she will call the register.
       She said we have to say yes when
       she calls our name.

Софья   Мисс Росс сказала, что у нас много работы. Она сказала, что это интересно. Нашим первым заданием было играть в имена. Я знаю массу имён. Мою подругу зовут Зара.

Sofia   Miss Ross said we had lots of jobs to do. She said doing jobs is fun. Our first job was to play the name game. I know lots of names. Zara is my friend.

Morning break

Софья   Мисс Росс сказала, что пора на перемену. Мы не идём играть на улицу.
         Нам дают попить, мы едим фрукты. Я села рядом с Зарой и Лили.

Sofia   Miss Ross said now it's break time. We don't go out to play. We get a drink
         of water and fruit. I sat next to Zara and Lili.

Том   На переменке нам разрешают сходить в туалет. Мисс Росс сказала,
что надо обязательно МЫТЬ РУКИ! Мисс Росс сказала не забывать
ЗАКРЫВАТЬ КРАН.

Tom   At break time we can go to the toilet. Miss Ross said WASH YOUR HANDS.
Miss Ross said remember to TURN OFF THE TAPS.

Том   Рядом со мной сидит Шон. Надеюсь, я ему понравился. «Привет»,
              - сказал Шон. Он сказал, что ему понравилась моя картинка.

Tom   Sean sat next to me. I hope he likes me. "Hello!" said Sean.
              He said he liked my picture.

Софья   Мисс Росс взяла у нас наши картинки и повесила их на стену.
Я раскрасила наклейку с моим именем для моего ящика.

Sofia   Miss Ross took our pictures and put them on the wall. Then I coloured a card with my name on, to put on my drawer.

Lunch time

Софья   Прозвенел звонок. Так ГРОМКО! Мы помыли руки и построились. Зара взяла меня за руку. Она тоже обедает в школьной столовой.

Sofia   A bell rang. It made a BIG noise! We had to wash our hands and line up. Zara held my hand. She has school dinners like me.

Том   На обед Шон, также как и я, приносит бутерброд из дома. Мы достали свои бутерброды. Мы пошли в БОЛЬШОЙ зал. Было очень ШУМНО. Мы сели за длинный стол. У меня был бутерброд с сыром, яблоко и сок.

Tom   Sean has packed lunch like me. We got our lunch boxes. We went to the BIG hall. It was very NOISY. We sat at long tables. I had cheese and bread and an apple and juice.

Playtime

Том   Шон, Лео и Ади играли в догонялки. Если тебе удавалось сесть на скамейку, догнать тебя не засчитывалось. Мишка спрятался у меня в кармане.

Tom   Sean and Leo and Adi and me played tag. The bench was home. Ted hid in my pocket.

Софья   Мы с Зарой и Лили прыгали. Лили упала и поранила коленку.
Понадобился пластырь. Лили сказала, что совсем не больно.
Она такая смелая.

Sofia   Zara and Lili and me played skipping. Lili fell over and hurt her knee.
It needed a plaster. Lili said it doesn't hurt. Lili is very brave.

Story time

Софья	Мы все сели на ковёр. Мисс читала нам рассказ из БОЛЬШОЙ книги.
Sofia	We all sat on the carpet. Miss read us a story from a BIG book.

Том   После чтения мы играли, хлопая в ладоши.
                  Мы выучили стишок «Мы идём домой».

Tom   At the end of the story we played a clapping game.
                  We learnt a going home rhyme.

Packing up time

Том   «Пора домой», - сказала Мисс Росс. Мы сложили вещи в
свои ящики. У Ади верхний ящик. Затем нас построили.

Tom   Miss Ross said, home time. We put all our things in our drawers.
Adi has the top drawer. Then we had to line up.

| Софья | «Пора одеваться», - сказала Мисс Росс. Мы побежали к своим вешалкам. Мисс Росс сказала, что в школе НЕЛЬЗЯ БЕГАТЬ! Она сказала это строго. Мы вернулись в класс. |

| Sofia | Miss Ross said, time to get your coats. We ran to our pegs. Miss Ross said, NO RUNNING in the corridor! She looked cross. We walked back to class. |

Home time

Софья Мамой с Анной пришли в мой класс.
Я показала им свою картинку. Мисс
Росс и Джим попрощались со мной.
Я попрощалась с Зарой и Лили.

Sofia Mum and Anna came to my class. I showed
them my picture I painted. Miss Ross and
Jim said bye. I said bye to Zara and Lili.

Том   Забирать меня из школы пришли мама с папой. У меня есть СТО-О-ЛЬКО всего рассказать: о Шоне, и о Ади, и о всём том, чем мы занимались весь день. Папа сказал, что я теперь совсем большой мальчик – школьник!

Tom   At home time Mum and Dad came to the classroom. I had sooo much to tell about Sean and Leo and Adi and all the jobs I had to do. Dad said I was a big schoolboy now!

Том	У меня теперь много друзей. Друг Шон. Ади тоже мой друг, и Лео. Шон – мой лучший школьный друг. Мишка – самый лучший друг дома. Мишке понравилось в школе. Он хочет пойти туда опять.

Tom	I made lots of friends. Sean is my friend. And Adi and Leo. Sean is my best school friend. Ted is my best home friend. Ted likes school. He wants to go again.

Софья   Анна, мама и я едим торт. Анне надо делать уроки. А мне нет.
Мама сказала, что в пятницу после школы мы можем пригласить
Зару в гости. Анна была права – в школе здорово.

Sofia   Anna and Mum and me had cake. Anna
had homework. I don't have homework.
Mum said Zara can come after school on
Friday. Anna was right – school is cool.

If you have found this book helpful, there are three more titles in the series that you may wish to try:

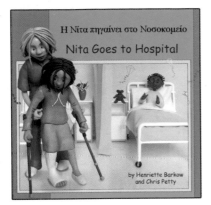

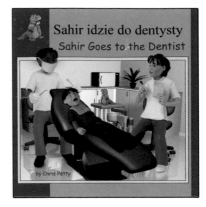

Nita Goes to Hospital

Sahir Goes to the Dentist

Abi Goes to the Doctor

You might like to make your own car, furnish your own house or try out some clothes in the "My...series" CD Rom

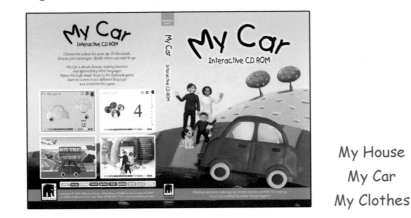

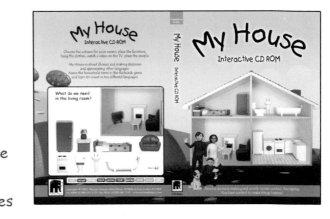

My House

My Car

My Clothes

You may wish to welcome parents and carers in 18 languages with the Welcome Booklet CD Rom Series
where you can publish key information about your school - photos, policies, procedures and people:

Welcome Booklet to My School

Welcome Booklet to My Nursery

All About Me!

First published in 2006 by Mantra Lingua Ltd
Global House, 303 Ballards Lane
London N12 8NP
www.mantralingua.com

A CIP record for this book is available from the British Library